AF234877

Impressum

Verlag: BABADADA GmbH, Nedderfeld 112 , 22529 Hamburg

Geschäftsführer / Verlagsleitung: Harald Hof

Druck: Books on Demand GmbH, In de Tarpen 42, 22848 Norderstedt

Imprint

Publisher: BABADADA GmbH, Nedderfeld 112 , 22529 Hamburg, Germany

Managing Director / Publishing direction: Harald Hof

Print: Books on Demand GmbH, In de Tarpen 42, 22848 Norderstedt, Germany

la escuela

школа

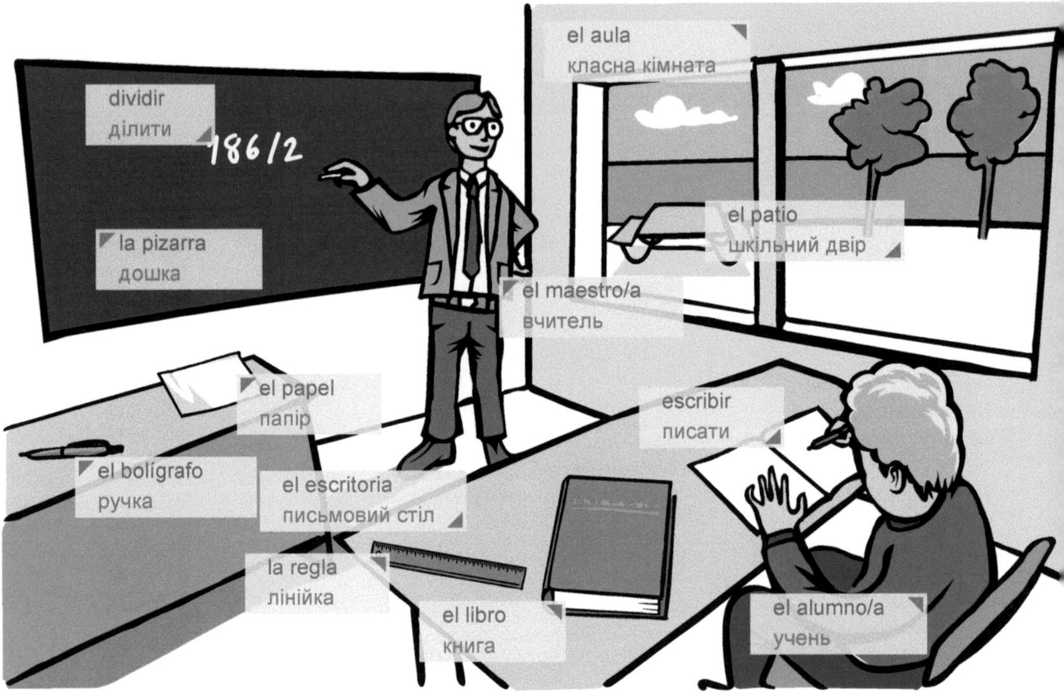

el aula
класна кімната
dividir
ділити
186/2
la pizarra
дошка
el patio
шкільний двір
el maestro/a
вчитель
el papel
папір
escribir
писати
el bolígrafo
ручка
el escritoria
письмовий стіл
la regla
лінійка
el libro
книга
el alumno/a
учень

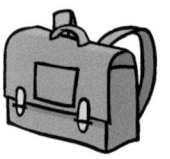

la cartera

ранець

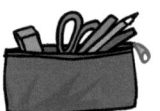

la caja de lápices

пенал

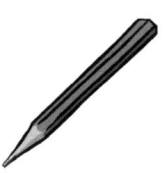

el lápiz

олівець

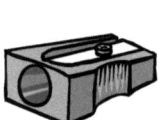

el sacapuntas

точило

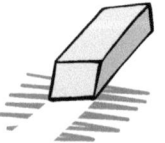

la goma de borrar

гумка

el cuaderno de dibujo

альбом для малювання

el dibujo

малюнок

el pincel

пензель

la caja de pinturas

коробка фарб

las tijeras

ножиці

el pegamento

клей

el cuaderno de ejercicios

зошит

los deberes

домашнє завдання

el número

число

sumar

додавати

restar

віднімати

multiplicar

множити

calcular

рахувати

la letra

літера

el alfabeto

абетка

la palabra

слово

el texto

текст

leer

читати

la tiza

крейда

la lección

година

el cuaderno de notas

класний журнал

el examen

екзамен

el certificado

диплом

el uniforme

шкільна форма

la educación

освіта

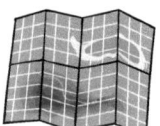

la enciclopedia

лексикон

la universidad

університет

el microscopio

мікроскоп

el mapa

карта

la papelera

кошик для паперу

el viaje

подорож

el hotel
готель
Grand
el albergue
турбаза
ROOMS
ficina de cambio de divisas
мінний пункт
CHANGE
la maleta
валіза
el coche
автомобіль

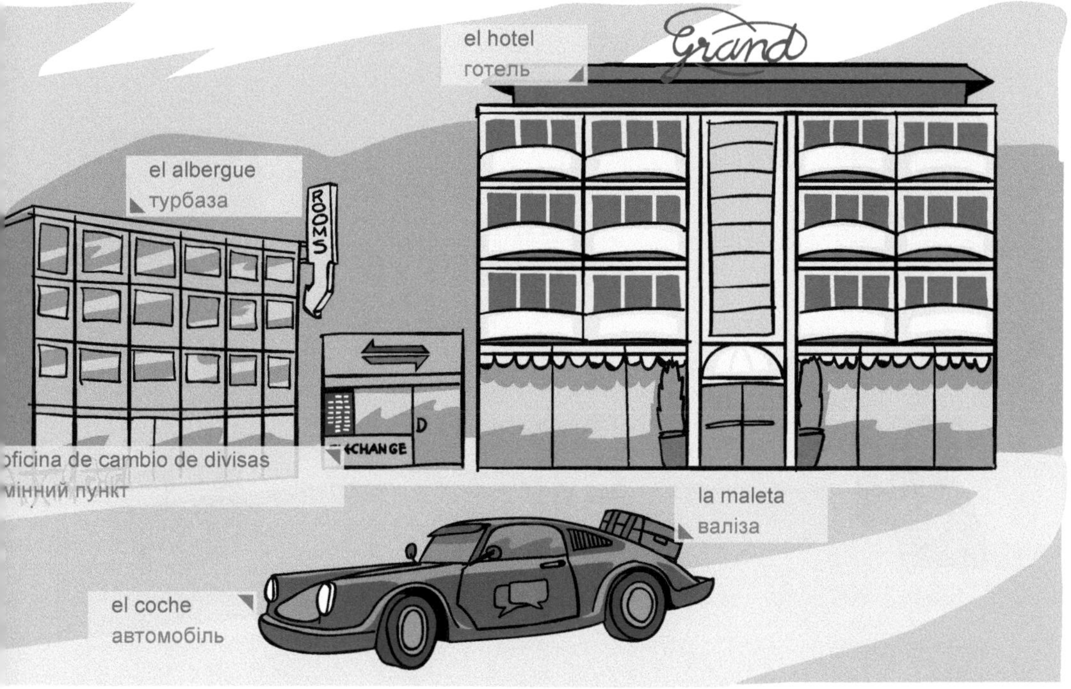

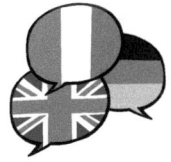

el idioma

мова

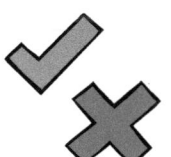

sí / no

так / ні

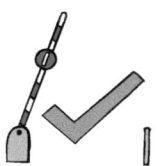

Vale

добре

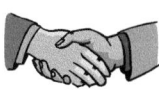

hola

привіт

el traductor

перекладач

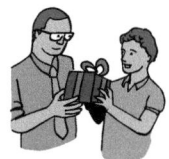

Gracias

дякую

¿cuánto es...?

Скільки коштує ...?

No entiendo

Я не розумію

el problema

проблема

¡Buenas tardes!

Добрий вечір!

¡Buenos días!

Доброго ранку!

¡Buenas noches!

На добраніч!

adiós

До побачення

la dirección

напрямок

el equipaje

багаж

la bolsa

сумка

la mochila

рюкзак

el invitado

гість

la habitación

кімната

el saco de dormir

спальний мішок

la tienda de campaña

намет

la información turística

туристична інформація

la playa

пляж

la tarjeta de crédito

кредитна картка

el desayuno

сніданок

el almuerzo

обід

la cena

вечеря

el billete

квиток

el ascensor

ліфт

el sello

поштова марка

la frontera

межа

la aduana

митниця

la embajada

посольство

la visa

віза

el pasaporte

паспорт

el transporte
транспорт

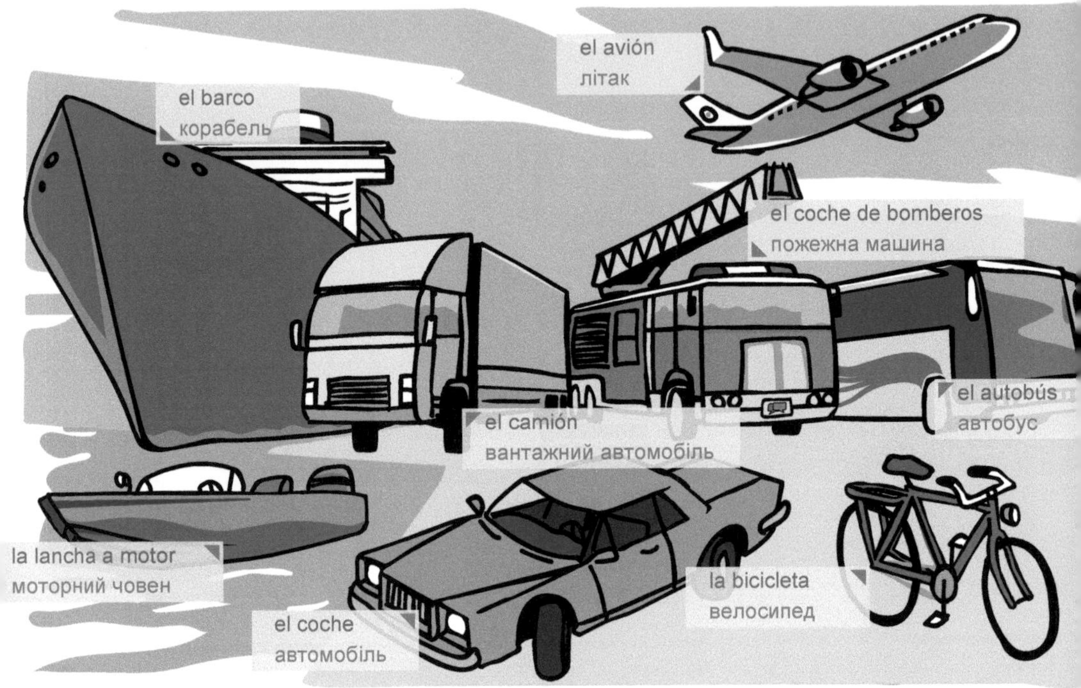
el avión
літак
el barco
корабель
el coche de bomberos
пожежна машина
el autobús
автобус
el camión
вантажний автомобіль
la lancha a motor
моторний човен
la bicicleta
велосипед
el coche
автомобіль

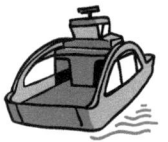

el transbordador

пором

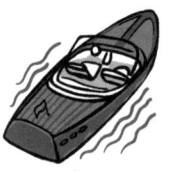

la barca

човен

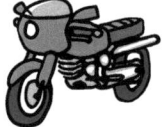

la moto

мотоцикл

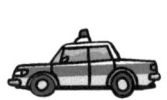

el coche de policía

поліцейська машина

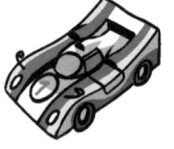

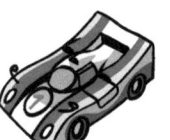

el coche de carreras

гоночний автомобіль

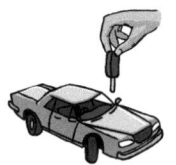

el coche de alquiler

автомобіль на прокат

el préstamo de vehículos

пільне користування авто

la grúa

евакуатор

el camión de la basura

сміттєвоз

el motor

двигун

la gasolina

паливо

la gasolinera

автозаправна станція

la señal de tráfico

дорожній знак

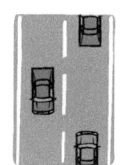

el tráfico

рух

el atasco

затор

el aparcamiento

стоянка

la estación de tren

вокзал

las vías

рейки

el tren

потяг

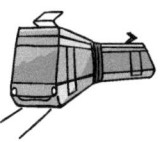

el tranvía

трамвай

el vagón

вагон

el helicóptero

гелікоптер

el aeropuerto

аеропорт

la torre

вежа

el pasajero

пасажир

el contenedor

контейнер

la caja de cartón

коробка

la carretilla

візок

la cesta

кошик

despegar / aterrizar

стартувати / приземлятися

la ciudad

місто

el pueblo

село

el centro de la ciudad

центр міста

la casa

дім

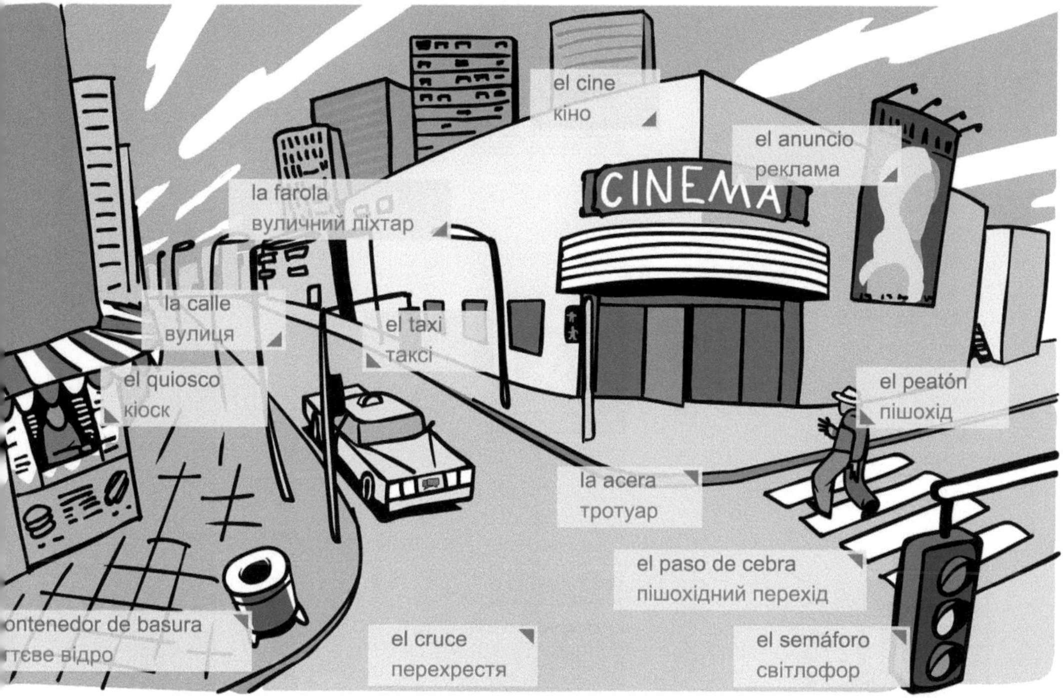

el cine
кіно

el anuncio
реклама

la farola
вуличний ліхтар

CINEMA

la calle
вулиця

el taxi
таксі

el quiosco
кіоск

el peatón
пішохід

la acera
тротуар

el paso de cebra
пішохідний перехід

ontenedor de basura
тєве відро

el cruce
перехрестя

el semáforo
світлофор

la cabaña

хатина

el apartamento

квартира

la estación de tren

вокзал

el ayuntamiento

ратуша

el museo

музей

la escuela

школа

la universidad

університет

el banco

банк

el hospital

лікарня

el hotel

готель

la farmacia

аптека

la oficina

офіс

la librería

книжковий магазин

la tienda de campaña

магазин

la floristería

квітковий магазин

el supermercado

супермаркет

el mercado

ринок

los grandes almacenes

універмаг

la pescadería

торговець рибою

el centro comercial

торговельний центр

el puerto

гавань

la ciudad - місто

el parque
парк

el banco
лава

el puente
міст

las escaleras
сходи

el metro
метро

el túnel
тунель

la parada de autobús
автобусна зупинка

el bar
бар

el restaurante
ресторан

el buzón
поштова скринька

el poste indicador
вулична табличка

el parquímetro
лічильник паркування

el zoo
зоопарк

la piscina
басейн

la mezquita
мечеть

la granja

ферма

la contaminación

забруднення навколишнього середовища

el cementerio

кладовище

la iglesia

церква

el patio de juego

дитячий майданчик

el templo

храм

el paisaje

ландшафт

la hoja
листок

la señal
вказівний стовп

el camino
шлях

el prado
луг

la piedra
камінь

el excursionista
мандрівник

el árbol
дерево

el río
річка

la hierba
трава

la flor
квітка

el valle
....
долина

la colina
....
гора

el lago
....
озеро

el bosque
....
ліс

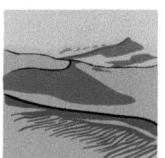

el desierto
....
пустеля

el volcán
....
вулкан

el castillo
....
замок

el arcoíris
....
веселка

el champiñón
....
гриб

la palmera
....
пальма

el mosquito
....
комар

la mosca
....
муха

la hormiga
....
мурашка

la abeja
....
бджола

la araña
....
павук

el paisaje - ландшафт

15

el escarabajo

жук

la rana

жаба

la ardilla

вивірка

el erizo

їжак

la liebre

заєць

la lechuza

сова

el pájaro

птах

el cisne

лебідь

el jabalí

кабан

el ciervo

олень

el alce

лось

la presa

гребля

la turbina eólica

вітряк

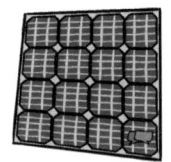

el panel solar

сонячний модуль

el clima

клімат

el restaurante
ресторан

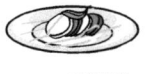

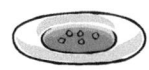

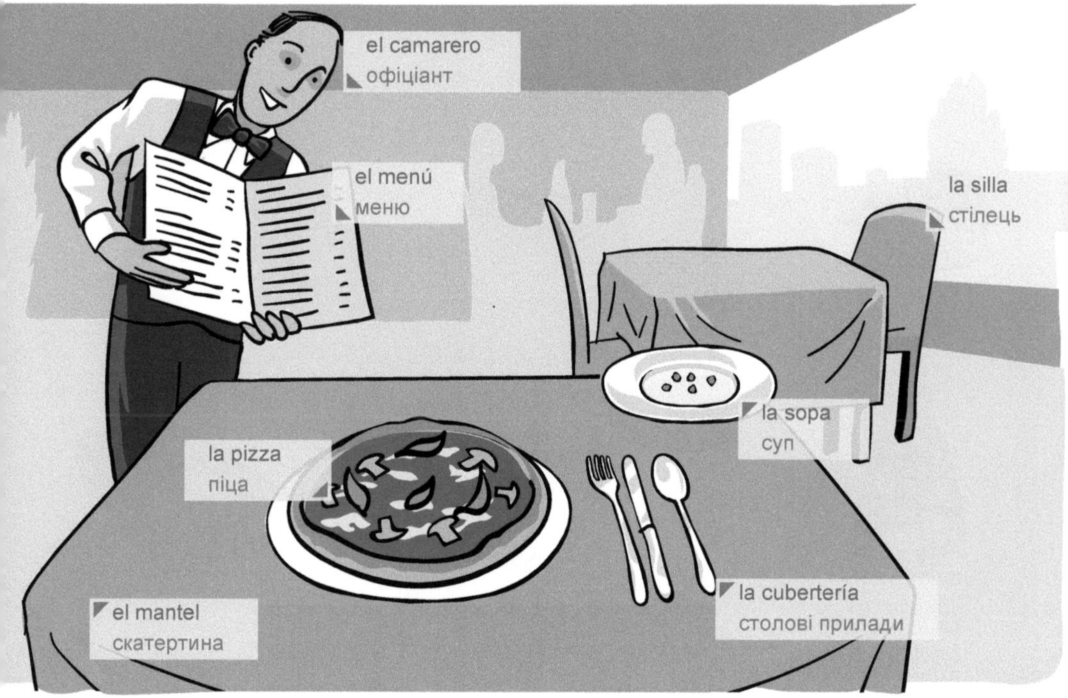
el camarero
офіціант
el menú
меню
la silla
стілець
la sopa
суп
la pizza
піца
el mantel
скатертина
la cubertería
столові прилади

el primer plato

закуска

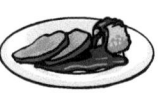

el plato principal

друга страва

el postre

десерт

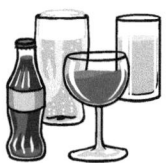

las bebidas

напої

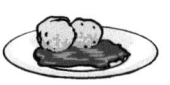

la comida

їжа

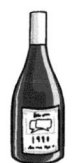

la botella

пляшка

la comida rápida

фаст-фуд

la comida callejera

вулична їжа

la tetera

чайник

el azucarero

цукорниця

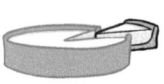

la porción

порція

la cafetera expreso

еспресо-машина

la trona

високий стільчик

la cuenta

рахунок

la bandeja

піднос

el cuchillo

ніж

el tenedor

вилка

la cuchara

ложка

la cucharilla

чайна ложка

la servilleta

серветка

el vaso

склянка

el plato

тарілка

el plato hondo

тарілка для супу

el platillo

блюдце

la salsa

соус

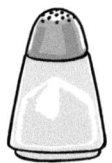

el salero

солонка

el molinillo de pimienta

млин для перцю

el vinagre

оцет

el aceite

масло

las especias

спеції

el ketchup

кетчуп

la mostaza

гірчиця

la mayonesa

майонез

el supermercado

супермаркет

la oferta especial
пропозиція
FOR
el cliente
клієнт
los lácteos
молочні продукти
la fruta
фрукти
el carro de compra
візок для покупок

BUTCHERS

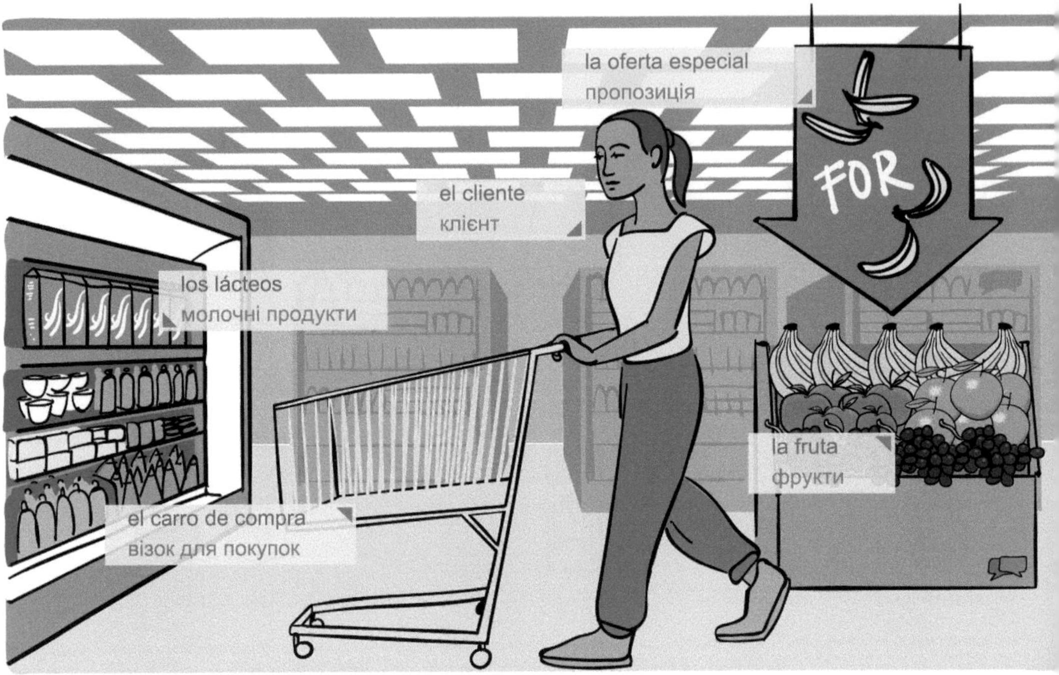

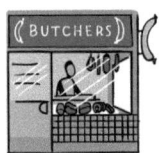

la carniceria

м'ясний магазин

BAKERY

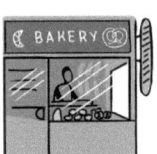

la panadería

пекарня

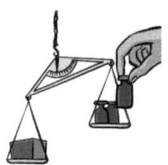

pesar

зважувати

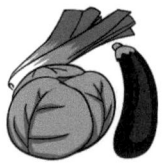

las verduras

овочі

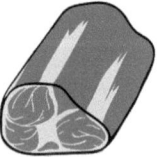

la carne

м'ясо

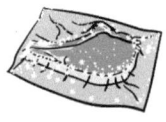

los alimentos congelados

заморожені продукти

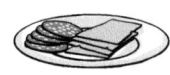

los fiambres

ковбасна нарізка

las conservas

консерви

el detergente en polvo

пральний порошок

los dulces

солодощі

productos de uso doméstico

предмети домашнього побуту

productos de limpieza

мийний засіб

la vendedora

продавщиця

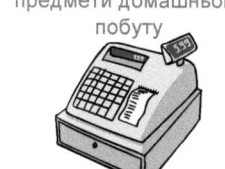

la caja de cartón

каса

el cajero

касир

la lista de la compra

список покупок

el horario de atención al público

часи роботи

la cartera

гаманець

la tarjeta de crédito

кредитна картка

la bolsa de plástico

сумка

la bolsa de plástico

поліетиленовий пакет

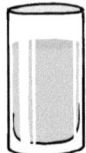

el agua

вода

el zumo

сік

la leche

молоко

la cola

кола

el vino

вино

la cerveza

пиво

el alcohol

алкоголь

el cacao

какао

el té

чай

el café

кава

el expreso

еспресо

el capuchino

капучіно

el plátano

банан

la manzana

яблуко

la naranja

апельсин

el melón

кавун

el limón

лимон

la zanahoria

морква

el ajo

часник

el bambú

бамбук

la cebolla

цибуля

el champiñón

гриб

las avellanas

горішки

los fideos

локшина

las espagueti

спагеті

el arroz

рис

la ensalada

салат

las patatas fritas

картопля фрі

las patatas fritas

смажена картопля

la pizza

піца

la hamburguesa

гамбургер

el sándwich

бутерброд

el filete

шніцель

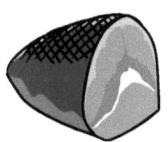

el jamón

шинка

le salami

салямі

la salchicha

ковбаса

el pollo

курка

el asado

печеня

el pescado

риба

los copos de avena

вівсяні пластівці

el muesli

мюслі

los copos de maíz

кукурудзяні пластівці

la harina

борошно

el cruasán

круасан

el panecillo

булочка

el pan

хліб

la tostada

тостовий хліб

las galletas

печиво

la mantequilla

масло

la cuajada

сир

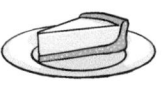

el pastel

пиріг

el huevo

яйце

el huevo frito

яєчня

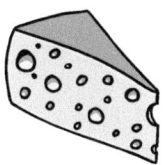

el queso

сир

el helado

морозиво

el azúcar

цукор

la miel

мед

la mermelada

мармелад

la crema de turrón

нуга-крем

el curry

карі

la granja
ферма

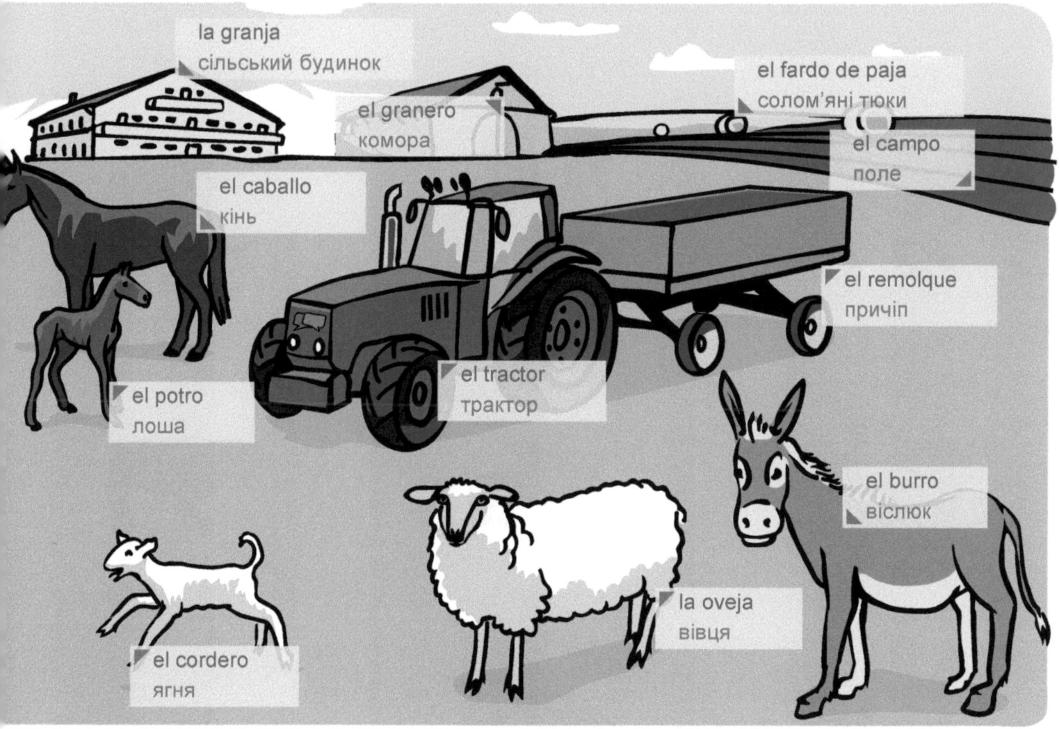
la granja
сільський будинок
el granero
комора
el fardo de paja
солом'яні тюки
el campo
поле
el caballo
кінь
el remolque
причіп
el potro
лоша
el tractor
трактор
el burro
віслюк
la oveja
вівця
el cordero
ягня

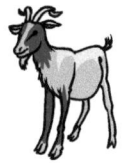

la cabra

коза

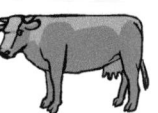

la vaca

корова

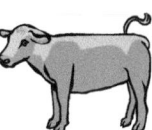

el ternero

теля

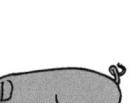

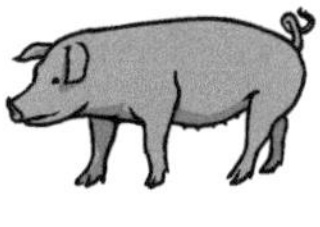

el cerdo

свиня

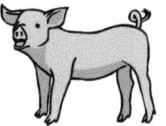

el cerdito

порося

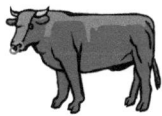

el toro

бик

el ganso

гусак

el pato

качка

el pollo

курча

la gallina

курка

el gallo

півень

la rata

щур

el gato

кіт

el ratón

миша

el buey

віл

el perro

собака

la perrera

собача будка

la manguera

садовий шланг

la regadera

лійка

la guadaña

коса

el arado

плуг

la hoz

серп

la azada

мотика

la horca

вила

el hacha

сокира

la carretilla

тачка

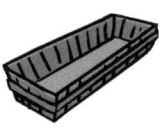

el abrevadero

корито

la lechera

бідон молока

el saco

мішок

la valla

паркан

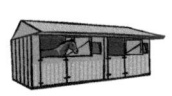

el establo

хлів

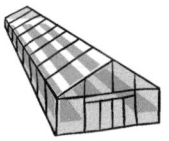

el invernadero

теплиця

el suelo

ґрунт

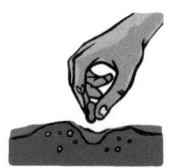

la semilla

насіння

el fertilizador

добриво

la cosechadora

комбайн

cosechar

пожинати

la cosecha

урожай

el ñame

корінь ямсу

el trigo

пшениця

el soja

соя

la patata

картопля

el maíz

кукурудза

la semilla de colza

ріпак

el árbol frutal

плодове дерево

la mandioca

маніок

las cereales

злаки

la casa
дім

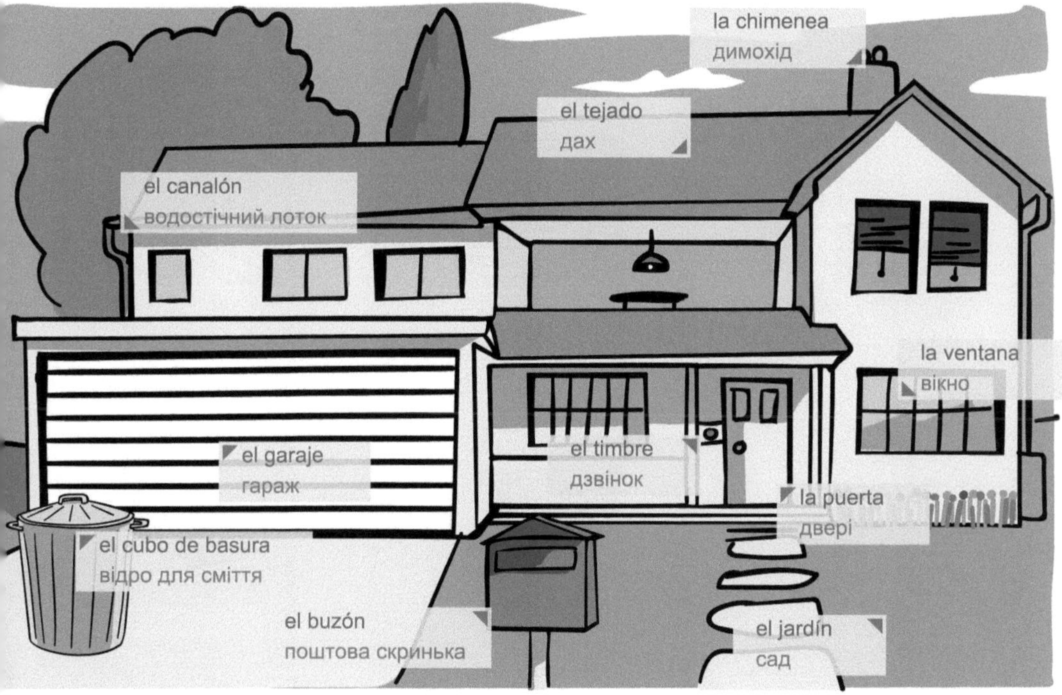

la chimenea
димохід
el tejado
дах
el canalón
водостічний лоток
la ventana
вікно
el garaje
гараж
el timbre
дзвінок
la puerta
двері
el cubo de basura
відро для сміття
el buzón
поштова скринька
el jardín
сад

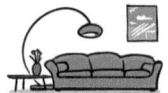

la sala

вітальня

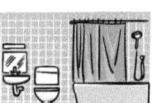

el cuarto de baño

ванна кімната

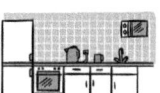

la cocina

кухня

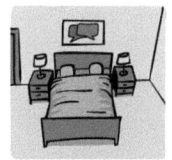

el dormitorio

спальня

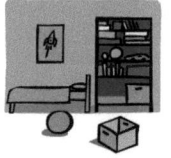

la habitación de los niños

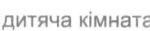

дитяча кімната

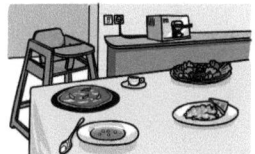

el comedor

їдальня

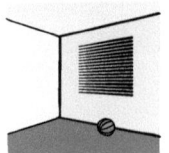

el suelo

підлога

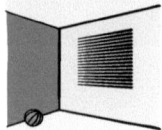

la pared

стіна

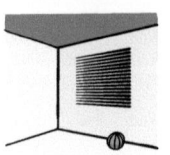

el techo

стеля

el sótano

підвал

la sauna

сауна

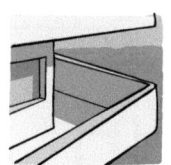

el balcón

балкон

la terraza

тераса

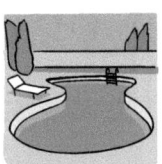

la piscina

басейн

el cortacésped

косарка

la sábana

простирало

la colcha

ковдра

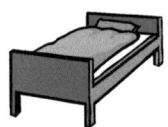

la cama

ліжко

la escoba

мітла

el balde

відро

el interruptor

перемикач

la sala
вітальня

el papel pintado
шпалери
la imagen
малюнок
la lámpara
лампа
el estante
поличка
el armario
шафа
la televisión
телевізор
la chimenea
камін
la flor
квітка
el cojín
подушка
el sofá
диван
el jarrón
ваза
el mando a distancia
пульт

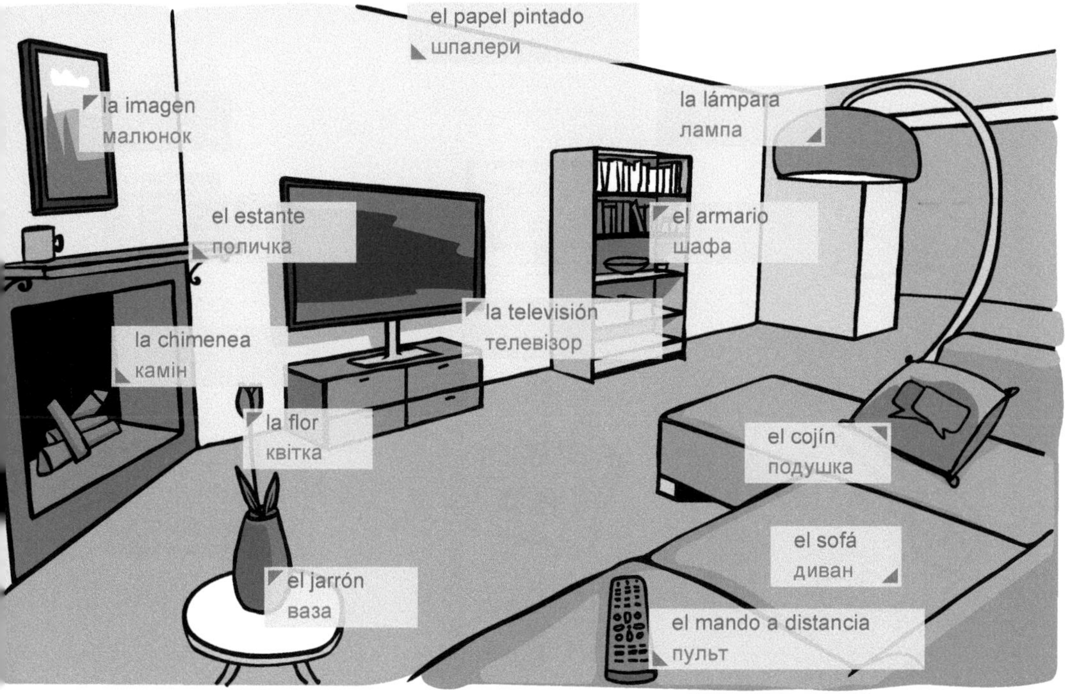

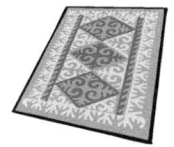

la alfombra

килим

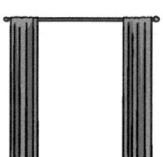

la cortina

завіса

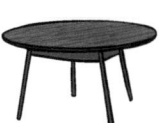

la mesa

стіл

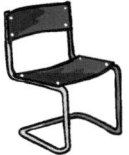

la silla

стілець

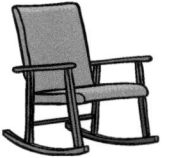

el mecedora

крісло-гойдалка

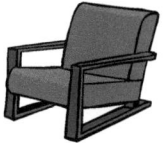

la butaca

крісло

el libro

книга

la manta

ковдра

la decoración

прикраса

la leña

дрова

la película

фільм

el equipo de música

стереосистема

la llave

ключ

el periódico

газета

la pintura

картина

el póster

плакат

la radio

радіо

el cuaderno

блокнот

la aspiradora

пилосос

el cactus

кактус

la vela

свічка

la cocina
кухня

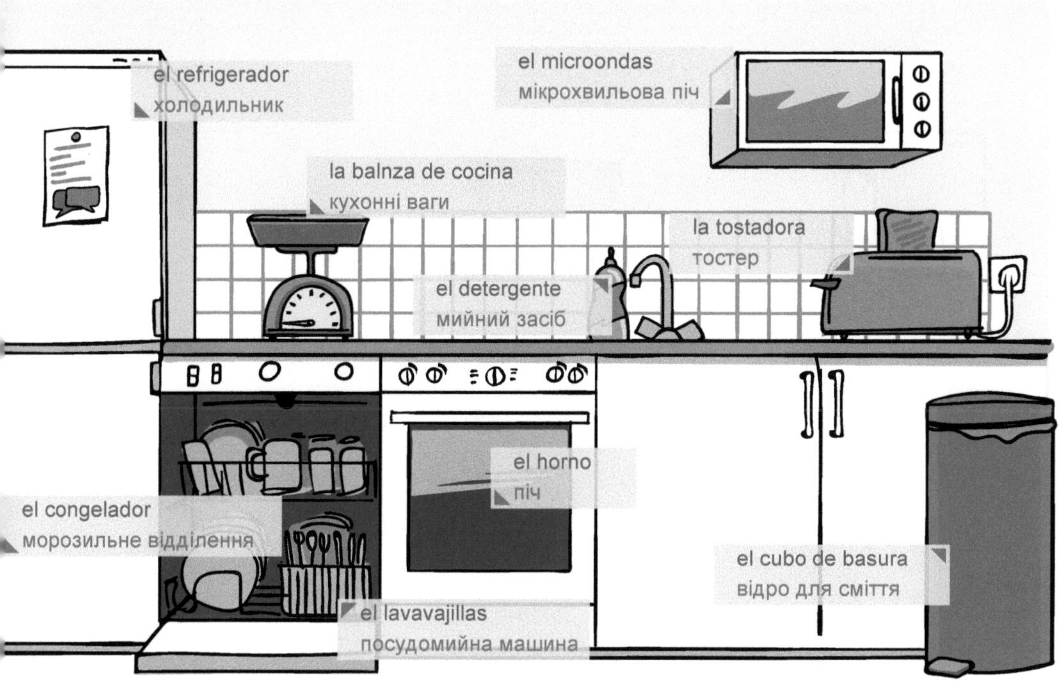

el refrigerador
холодильник
el microondas
мікрохвильова піч
la balnza de cocina
кухонні ваги
la tostadora
тостер
el detergente
мийний засіб
el horno
піч
el congelador
морозильне відділення
el cubo de basura
відро для сміття
el lavavajillas
посудомийна машина

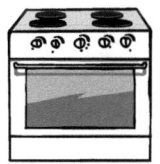

la olla a presión

плита

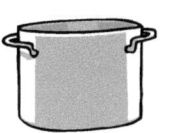

la olla

горщик

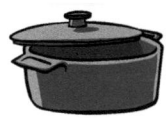

la olla de hierro fundido

чавунний горщик

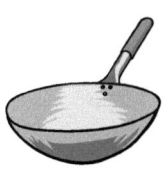

el wok

вок / кадай

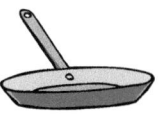

la cazuela

сковорода

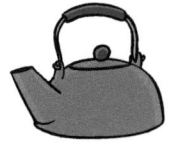

el hervidor

чайник

la vaporera

пароварка

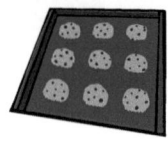

la chapa de horno

лист

la vajilla

посуд

la taza

кухоль

el tazón

чаша

los palillos

палички для їжі

el cucharón

черпак

la espumadera

лопатка

el batidor

вінчик для збивання

el colador

сито

el cedazo

сито

el rallador

терка

el mortero

ступка

la barbacoa

барбекю

la hoguera

багаття

la tabla de picar

дошка

el rodillo

качалка

el sacacorchos

штопор

la lata

конзерва

el abrelatas

відкривачка

el agarrador

прихватки

el lavabo

раковина

el cepillo

щітка

la esponja

губка

la batidora

міксер

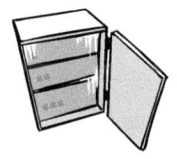

el congelador

морозильна камера

el biberón

дитяча пляшка

el grifo

кран

el cuarto de baño

ванна кімната

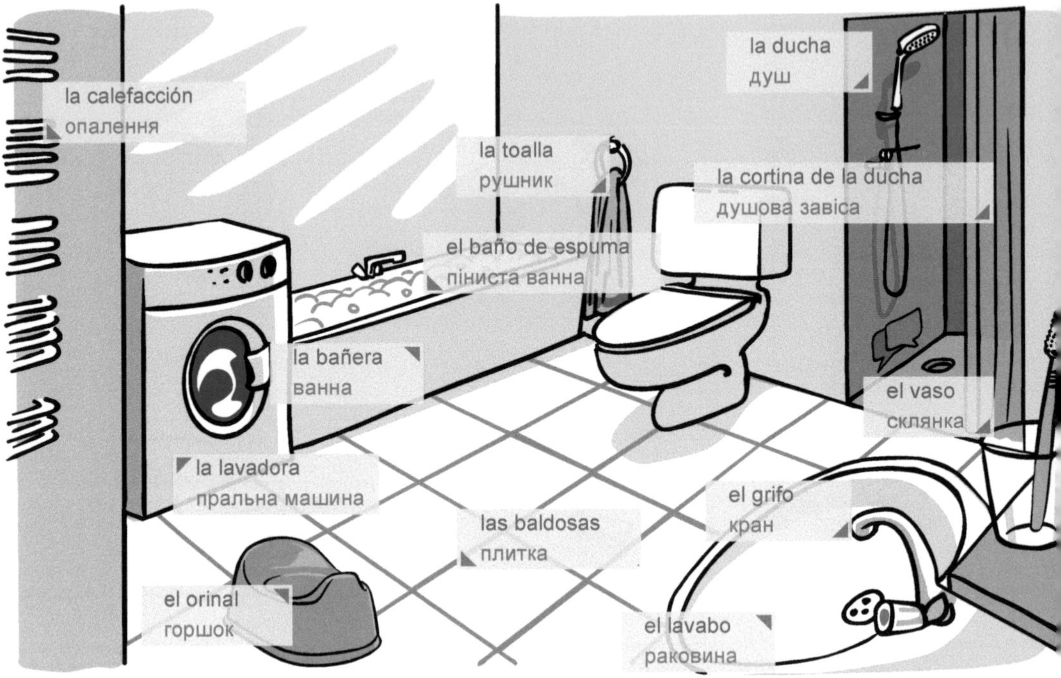

la ducha
душ
la calefacción
опалення
la toalla
рушник
la cortina de la ducha
душова завіса
el baño de espuma
пiниста ванна
la bañera
ванна
el vaso
склянка
la lavadora
пральна машина
el grifo
кран
las baldosas
плитка
el orinal
горшок
el lavabo
раковина

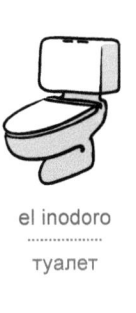

el inodoro

туалет

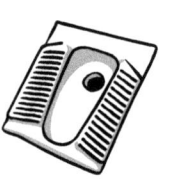

el inodoro rústico

підлоговий туалет

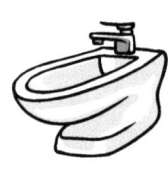

el bidé

біде

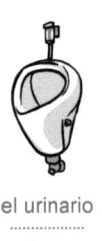

el urinario

пісуар

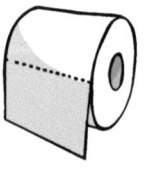

el papel higiénico

туалетний папір

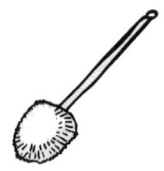

la escobilla del váter

щітка для туалету

el cepillo de dientes

зубна щітка

la pasta de dientes

зубна паста

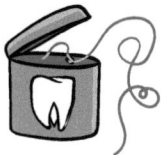

el hilo dental

нитка для чищення зубів

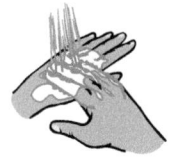

lavar

мити

la ducha de mano

ручний душ

la ducha íntima

інтимний душ

la pila

таз

el cepillo de espalda

щітка для спини

el jabón

мило

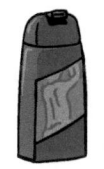

el gel de ducha

гель для душу

el champú

шампунь

la toallita

мочалка

el desagüe

водостік

la crema

крем

el desodorante

дезодорант

el espejo

дзеркало

el espejo de tocador

косметичне дзеркало

la maquinilla de afeitar

бритва

la espuma de afeitar

піна для гоління

la loción postafeitado

лосьйон після гоління

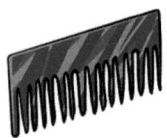

el peine

гребінь

el cepillo

щітка

el secador

фен

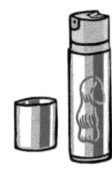

la laca

лак для волосся

el maquillaje

косметика

el pintalabios

губна помада

el pintauñas

лак для нігтів

el algodón

вата

el cortauñas

ножиці для нігтів

el perfume

парфум

el estuche de viaje

косметичка

la banqueta

табурет

la balanza

ваги

el albornoz

халат

los guantes de goma

гумові рукавички

el tampón

тампон

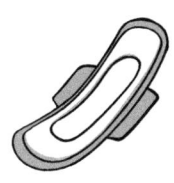

la compresa

гігієнічні прокладки

el inodoro químico

біотуалет

la habitación de los niños

дитяча кімната

el despertador
будильник
el peluche
м'яка іграшка
el coche de juguete
іграшковий автомобіль
el sonajero
брязкальце
la casa de muñecas
ляльковий будиночок
el regalo
подарунок

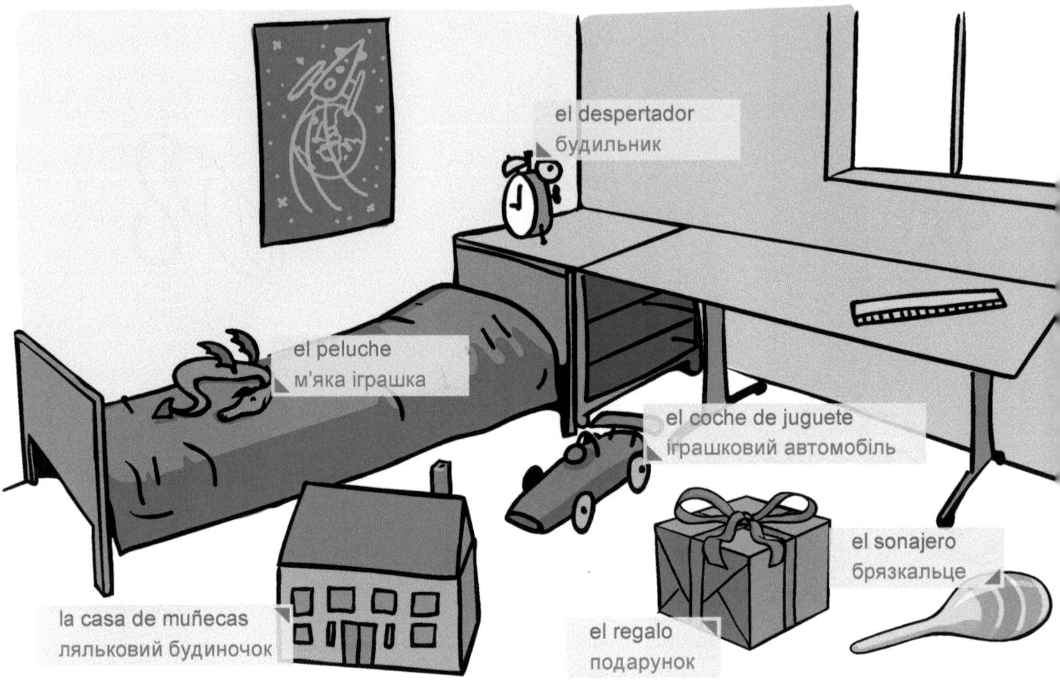

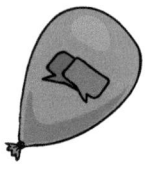

el globo

повітряна кулька

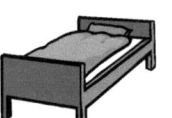

la cama

ліжко

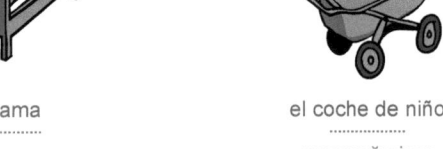

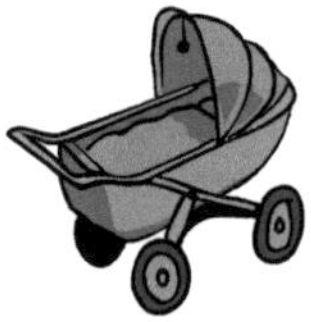

el coche de niño

дитячий візок

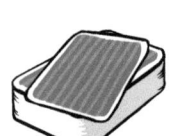

los naipes

картярська гра

el puzle

пазл

SUPER
MEGA

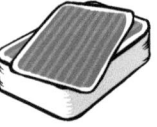

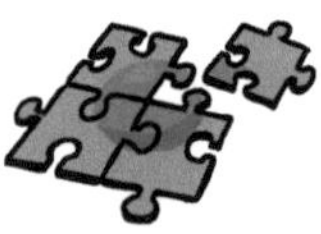

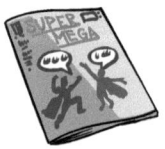

el tebeo

комікс

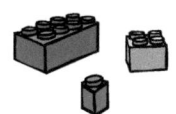

las piezas de lego

лего цеглинки

los bloques de juguete

блоки

la figura de acción

іграшкова фігурка

el bodi (de bebé)

повзунки

el frisbee

фризбі

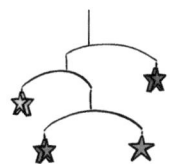

el colgador móvil para bebés

мобіле

el juego de mesa

настільна гра

los dados

кубик

el circuito de tren eléctrico

модель залізнична станція

el maniquí

соска

la fiesta

вечірка

el álbum de fotos

книжка з картинками

la pelota

м'яч

la muñeca

лялька

jugar

грати

el cajón de arena

пісочниця

el columpio

гойдалка

los juguetes

іграшка

la videoconsola

гральна консоль

el triciclo

триколісний велосипед

el oso de peluche

плюшевий мішка

la guardarropa

шафа

la ropa

одяг

los calcetines

шкарпетки

las medias

панчохи

los leotardos

колготки

la bufanda
шарф

el paraguas
парасоля

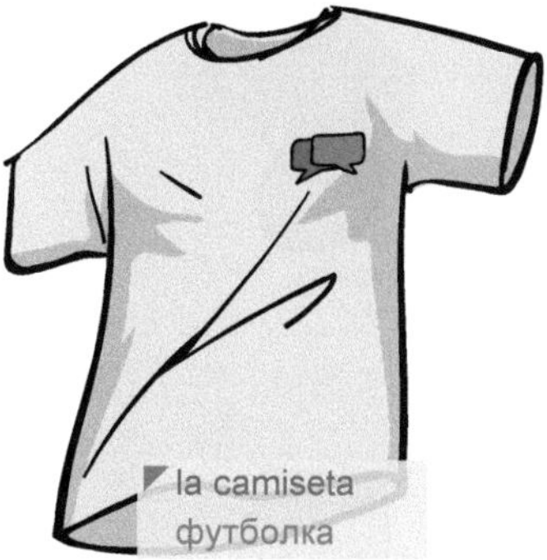

la camiseta
футболка

el cinturón
ремінь

las botas
чоботи

las zapatillas
домашнє взуття

las deportivas
кросівки

las sandalias
сандалі

los zapatos
взуття

las botas de goma
гумові чоботи

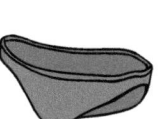
el slip
труси

el sostén
бюстгальтер

el chaleco
нижня сорочка

el bodi

боді

los pantalones cortos

штани

los vaqueros

джинси

la falda

спідниця

la blusa

блузка

la camisa

сорочка

el jersey

пуловер

el suéter

светр

el blazer

піджак

la chaqueta

куртка

el abrigo

пальто

la gabardina

дощовик

el traje

костюм

el vestido

сукня

el vestido de novia

весільна сукня

el traje

костюм

el camisón

нічна сорочка

el pijama

піжама

el sati

сарі

el bandana

головна хустка

el turbante

чалма

la burka

бурка

el caftán

кафтан

la abaya

абая

el traje de baño

купальник

el bañador

плавки

los pantalones cortos

шорти

el chándal

тренувальний костюм

el delantal

фартух

los guantes

рукавички

el botón

гудзик

las gafas

окуляри

el brazalete

браслет

el collar

ланцюг

el anillo

кільце

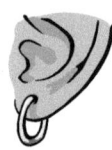

el pendiente

сережка

la gorra

шапка

la percha

плічка

el sombrero

капелюх

la corbata

краватка

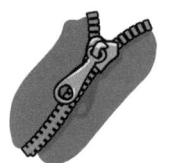

la cremallera

застібка-блискавка

el casco

шолом

los tirantes

підтяжки

el uniforme

шкільна форма

el uniforme

уніформа

el babero

нагрудник

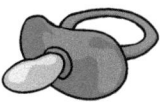

el maniquí

соска

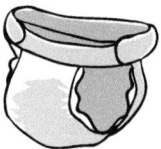

el pañal

підгузок

la oficina
офіс

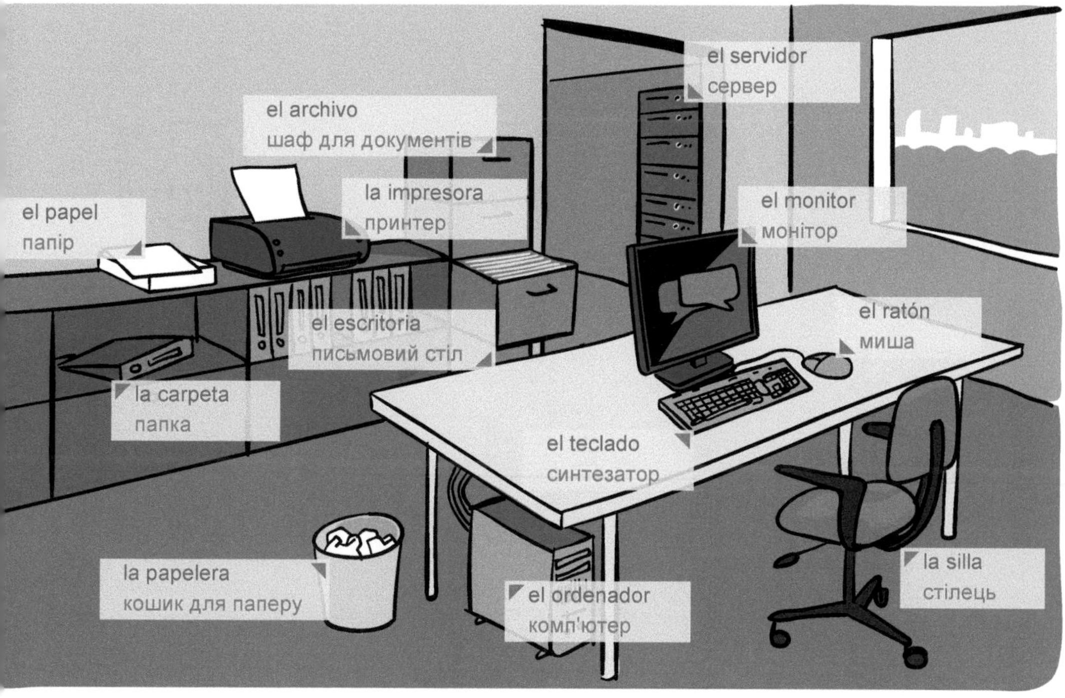

el servidor
сервер

el archivo
шаф для документів

la impresora
принтер

el monitor
монітор

el papel
папір

el escritoria
письмовий стіл

el ratón
миша

la carpeta
папка

el teclado
синтезатор

la papelera
кошик для паперу

el ordenador
комп'ютер

la silla
стілець

la taza de café

кавовий кухоль

la calculadora

калькулятор

el internet

інтернет

el portátil

ноутбук

la carta

лист

el mensaje

повідомлення

el móvil

мобільний телефон

la red

мережа

la fotocopiadora

копіювальний пристрій

el software

програмне забезпечення

el teléfono

телефон

la toma de corriente

розетка

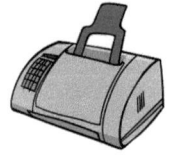

el fax

факс

el formulario

бланк

el documento

документ

la economía
економіка

comprar

купувати

pagar

платити

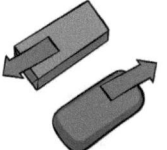

comerciar

торгувати

el dinero

гроші

el dólar

долар

el euro

євро

el yen

ієна

el rublo

рубль

el franco suizo

франк

el renminbi yuan

юанів женьміньбі

la rupia

рупія

el cajero automático

банкомат

la oficina de cambio de divisas

обмінний пункт

el oro

золото

la plata

срібло

el petróleo

нафта

la energía

енергія

el precio

ціна

el contrato

контракт

el impuesto

податок

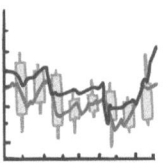

la acción

акція

trabajar

працювати

el empleador

працівник

el empleador

роботодавець

la fábrica

фабрика

la tienda de campaña

магазин

los oficios
професії

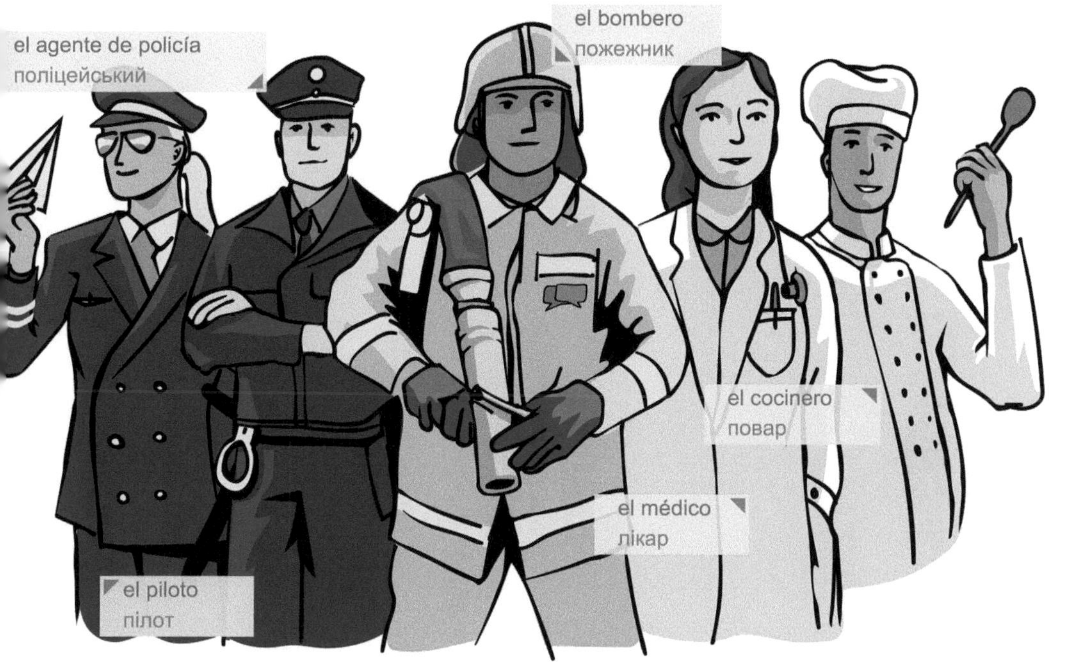
el agente de policía
поліцейський
el bombero
пожежник
el cocinero
повар
el médico
лікар
el piloto
пілот

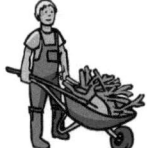

el jardinero

садівник

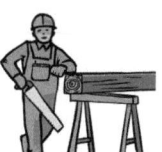

el carpintero

столяр

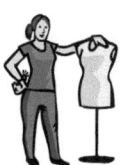

la costurera

швачка

el juez

суддя

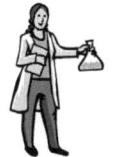

el farmacéutico

хімік

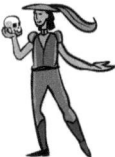

el actor

актор

el conductor de autobús

водій автобуса

la señora de la limpieza

прибиральниця

el techador

покрівельник

el camarero

офіціант

el cazador

мисливець

el pintor

художник

el panadero

пекар

el electricista

електрик

el obrero

будівельник

el ingeniero

інженер

el carnicero

забійник

el fontanero

бляхар

el cartero

листоноша

el taxista

таксист

el pescador

рибалка

los oficios - професії

el soldado
солдат

el arquitecto
архітектор

el cajero
касир

el florista
флорист

el peluquero
перукар

el revisor
кондуктор

el mecánico
механік

el capitán
капітан

el dentista
дантист

el científico
вчений

el rabino
рабин

el imán
імам

el monje
монах

el sacerdote
пастор

las herramientas

інструменти

el martillo
молоток
los alicates
щипці
el destornillador
викрутка
la llave
гайковий ключ
la linterna
кишеньковий

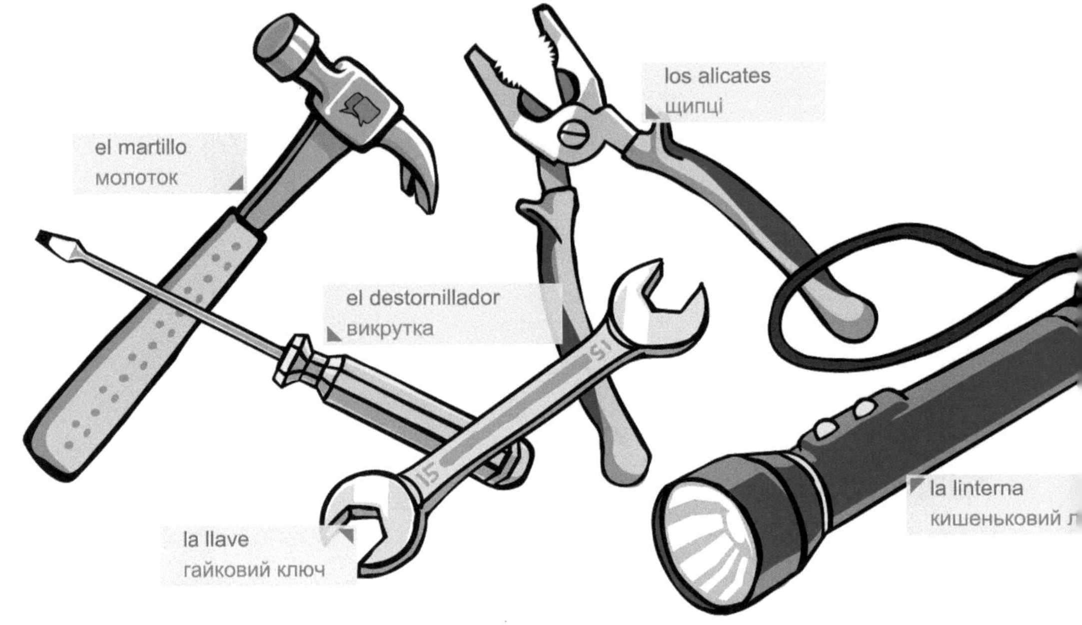

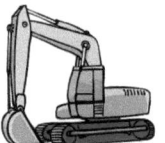

la excavadora

екскаватор

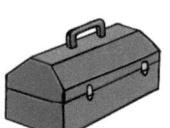

la caja de herramientas

ящик для інструментів

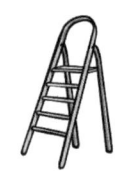

la escalera de mano

драбина

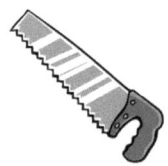

la sierra

пилка

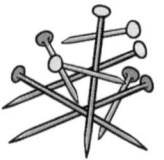

los clavos

цвяхи

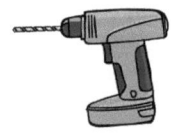

el taladro

свердло

reparar
ремонтувати

la pala
лопата

¡Maldita sea!
лайно!

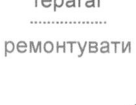

el recogedor
совок

el bote de pintura
відро з фарбою

los tornillos
гвинти

los instrumentos musicales
музичні інструменти

el altavoz
динамік

la batería
ударна установка

la guitarra
гітара

el contrabajo
контрабас

la trompeta
труба

el piano

фортепіано

el violín

скрипка

bajo

бас

los timbales

литаври

el tambor

барабан

el teclado

клавіатура

el saxofón

саксофон

la flauta

флейта

el micrófono

мікрофон

el zoo

зоопарк

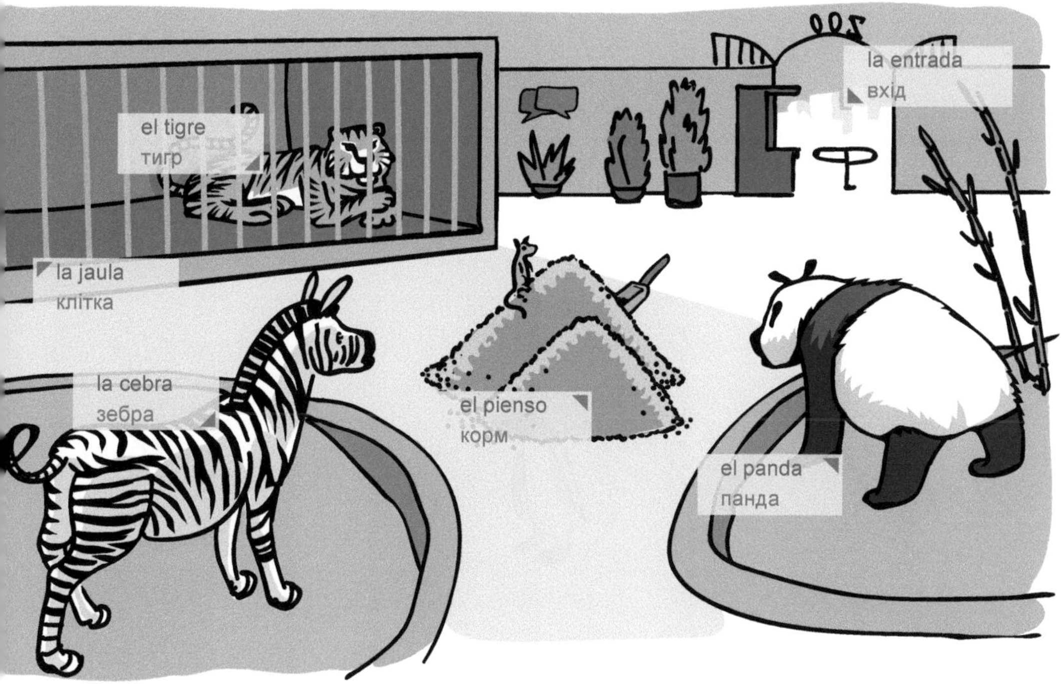
la entrada
вхід
el tigre
тигр
la jaula
клітка
la cebra
зебра
el pienso
корм
el panda
панда

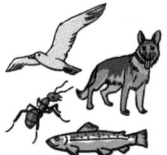

los animales
тварини

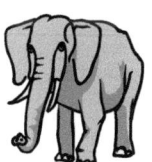

el elefante
слон

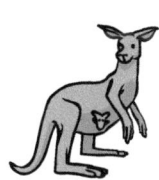

el canguro
кенгуру

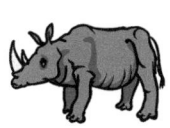

el rinoceronte
носоріг

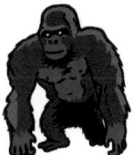

el gorila
горила

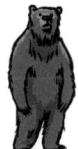

el oso
ведмідь

el camello

верблюд

el avestruz

страус

el león

лев

el mono

мавпа

el flamingo

фламінго

el loro

папуга

el oso polar

білий ведмідь

el pingüino

пінгвін

el tiburón

акула

el pavo real

павич

la serpiente

змія

el cocodrilo

крокодил

el guardián de zoológico

працівник зоопарку

la foca

тюлень

el jaguar

ягуар

el poni

поні

el leopardo

леопард

el hipopótamo

гіпопотам

la jirafa

жираф

el águila

орел

el jabalí

кабан

el pescado

риба

la tortuga

черепаха

la morsa

морж

el zorro

лисиця

la gacela

газель

el fútbol americano
американський футбол

el ciclismo
їзда на велосипеді

el tenis
теніс

el baloncesto
баскетбол

la natación
плавання

el boxeo
бокс

el hockey sobre hielo
хокей

el fútbol
футбол

el bádminton
бадмінтон

el atletismo
легка атлетика

el balonmano
гандбол

el esquí
лижні перегони

el polo
поло

saltar
стрибати

reír
сміятися

abrazar
обіймати

cantar
співати

caminar
йти

soñar
мріяти

rezar
молитися

besar
цілувати

escribir

писати

dibujar

малювати

mostrar

показувати

empujar

тиснути

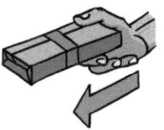

dar

давати

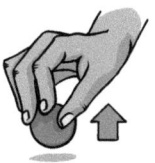

tomar

брати

tener

мати

hacer

робити

ser

бути

estar de pie

стояти

correr

бігати

tirar

тягнути

tirar

кидати

caer

падати

yacer

лежати

esperar

очікувати

llevar

носити

estar sentado

сидіти

vestirse

одягати

dormir

спати

despertar

просипатися

mirar

дивитися

llorar

плакати

acariciar

гладити

peinar

розчісувати

hablar

розмовляти

entender

розуміти

preguntar

питати

escuchar

слухати

beber

пити

comer

їсти

ordenar

прибирати

amar

любити

cocinar

варити

conducir

їхати

volar

літати

navegar

йти під вітрилом

calcular

рахувати

leer

читати

aprender

вчитися

trabajar

працювати

casarse

одружуватися

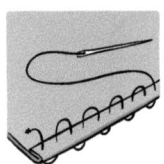

coser

шити

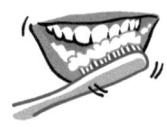

cepillarse los dientes

чистити зуби

matar

убивати

fumar

курити

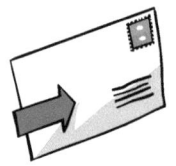

enviar

посилати

la abuela
бабуся

el abuelo
дідуся

el padre
батько

la madre
мати

el bebé
немовля

la hija
донька

el hijo
син

el invitado

гість

la tía

тітка

el tío

дядько

el hermano

брат

la hermana

сестра

el cuerpo
тіло

la frente
чоло
el ojo
око
el hombro
плече
el dedo
палець
la cara
обличчя
la barbilla
підборіддя
la mano
кисть
la pierna
нога
el pecho
груди
el brazo
рука

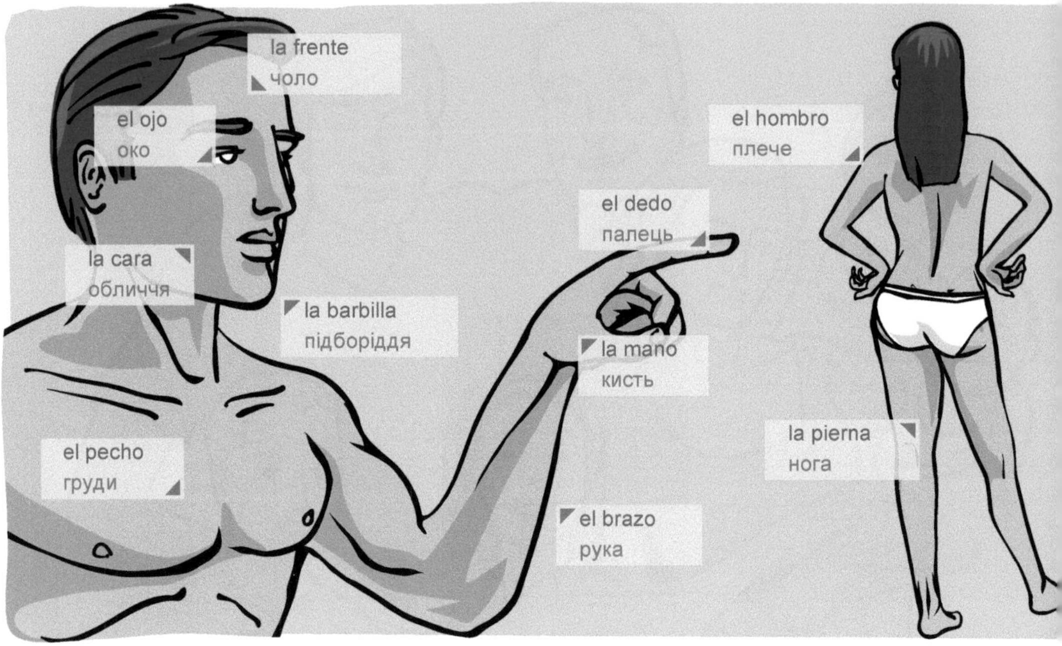

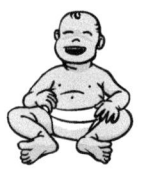

el bebé

немовля

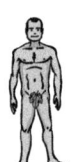

el hombre

чоловік

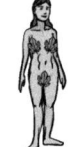

la mujer

жінка

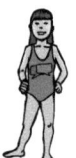

la chica

дівчина

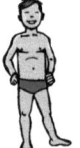

el chico

хлопчик

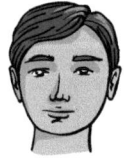

la cabeza

голова

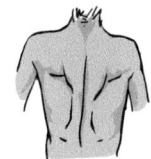

la espalda

спина

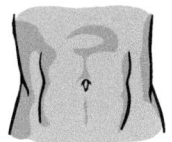

el vientre

живіт

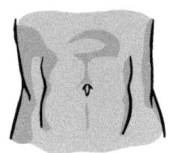

el ombligo

пуп

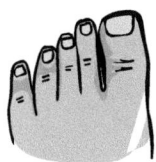

el dedo del pie

палець ноги

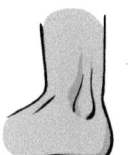

el talón

п'ята

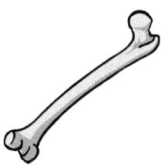

el hueso

кістка

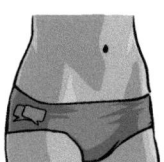

la cadera

стегно

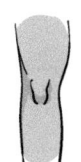

la rodilla

коліно

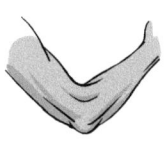

el codo

лікоть

la nariz

ніс

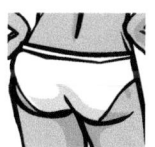

el trasero

сідниці

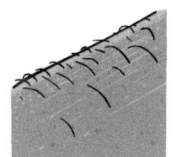

la piel

шкіра

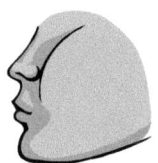

la mejilla

щока

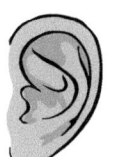

el oído

вухо

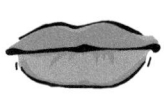

el labio

губа

la boca

рот

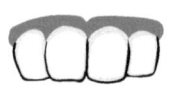

el diente

зуб

la lengua

язик

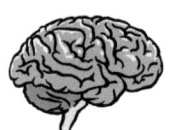

el cerebro

мозок

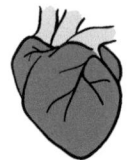

el corazón

серце

el músculo

м'яз

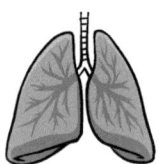

el pulmón

легені

el hígado

печінка

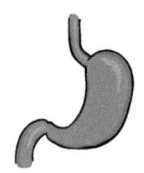

el estómago

шлунок

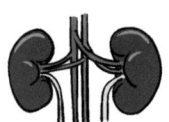

los riñones

нирки

el sexo

статевий акт

el condón

презерватив

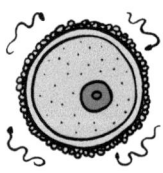

el ovario

яйцеклітина

el semen

сперма

el embarazo

вагітність

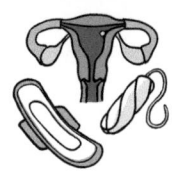

la menstruación

менструація

la vagina

вагіна

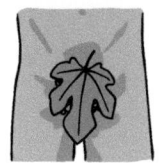

el pene

пеніс

la ceja

брова

el pelo

волосся

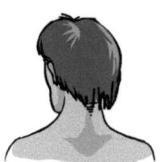

el cuello

шия

el hospital
лікарня

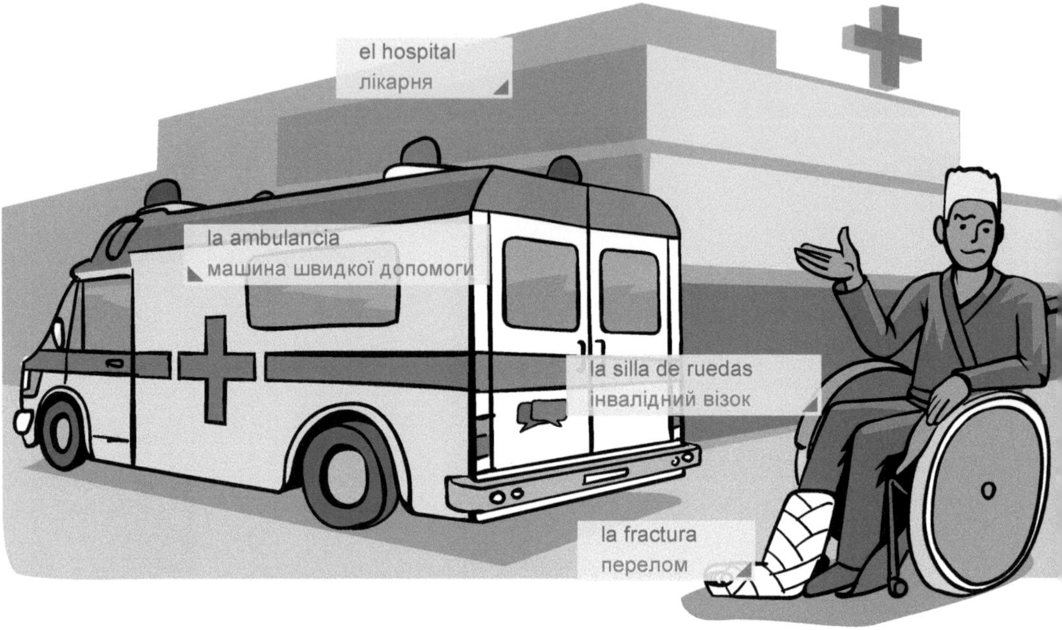

el hospital
лікарня
la ambulancia
машина швидкої допомоги
la silla de ruedas
інвалідний візок
la fractura
перелом

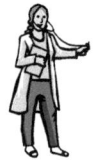

el médico

лікар

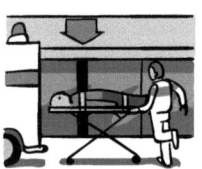

la sala de urgencias

відділення швидкої медичної допомоги

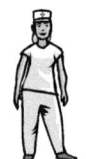

la enfermera

медсестра

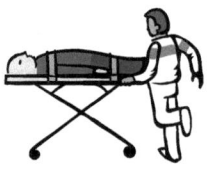

la urgencia

аварійний випадок

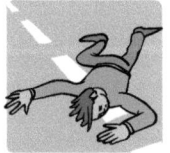

inconsciente

непритомний

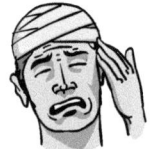

el dolor

біль

la lesión

травма

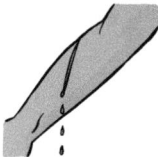

la hemorragia

кровотеча

el infarto

інфаркт

el ictus

інсульт

la alergia

алергія

la tos

кашель

la fiebre

лихоманка

la gripe

грип

la diarrea

пронос

el dolor de cabeza

головна біль

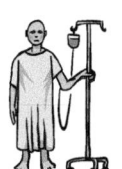

el cáncer

рак

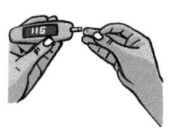

la diabetes

діабет

el cirujano

хірург

el bisturí

скальпель

la operación

операція

TAC

КТ

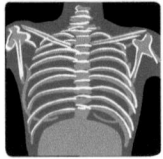

los rayos x

рентген

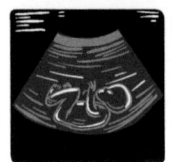

el ultrasonido

ультразвук

la mascarilla

маска

la enfermedad

хвороба

la sala de espera

зал очікування

la muleta

милиця

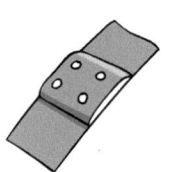

la tirita

пластир

la venda

пов'язка

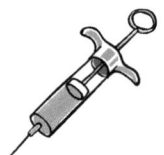

la inyección

ін'єкція

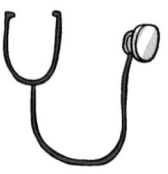

el estetoscopio

стетоскоп

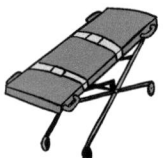

la camilla

ноші

el termómetro

термометр

el nacimiento

народження

el sobrepeso

надмірна вага

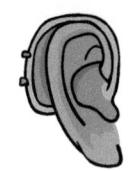

el audífono

слуховий апарат

el desinfectante

дезінфікуючий засіб

la infección

інфекція

el virus

вірус

VIH / SIDA

ВІЛ / СНІД

la medicina

медицина

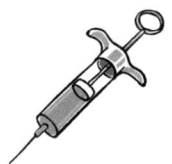

la vacunación

вакцинація

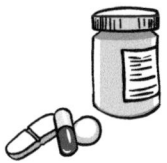

las tabletas

таблетки

la pastilla

протизаплідна пігулка

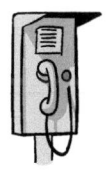

la llamada de urgencia

екстрений виклик

el tensiómetro

тонометр

enfermo / sano

хворий / здоровий

la alarma

сигнал тривоги

el asalto

напад

¡Socorro!

Допоможіть!

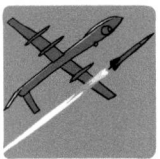

el ataque

атака

el peligro

небезпека

la salida de emergencia

аварійний вихід

¡Fuego!

Вогонь!

el extintor de incendios

вогнегасник

el accidente

аварія

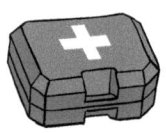

el botiquín de primeros auxilios

аптечка

SOS

COC

la policía

поліція

Europa

Європа

Norteamérica

Північна Америка

Sudamérica

Південна Америка

África

Африка

Asia

Азія

Australia

Австралія

el atlántico

Атлантика

el Pacífico

Тихий океан

el Océano Índico

Індійський океан

el Océano Antártico

Антарктичний океан

el Océano Ártico

Північний Льодовитий
океан

el polo norte

Північний полюс

el polo sur

Південний полюс

La Antártida

Антарктика

la tierra

Земля

la tierra

суша

el mar

море

la isla

острів

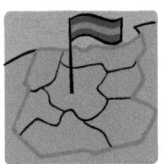

la nación

нація

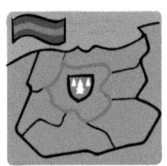

el estado

держава

la esfera

циферблат

la manecilla de las horas

годинникова стрілка

el minutero

хвилинна стрілка

el segundero

секундна стрілка

¿Qué hora es?

Котра година?

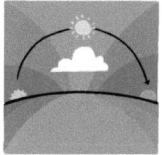

el día

день

el tiempo

час

ahora

зараз

el reloj digital

цифровий годинник

el minuto

хвилина

la hora

година

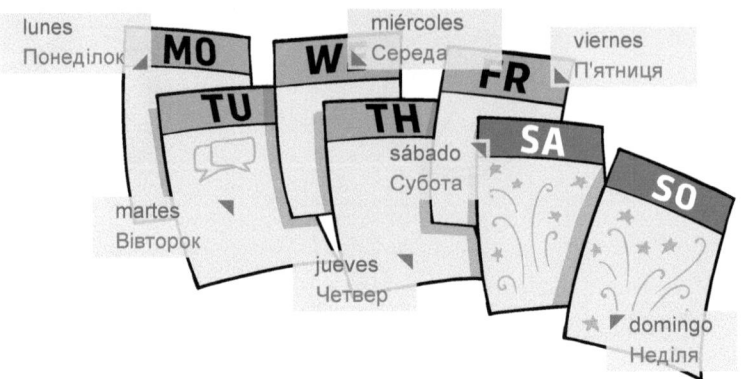

lunes
Понеділок

miércoles
Середа

viernes
П'ятниця

martes
Вівторок

jueves
Четвер

sábado
Субота

domingo
Неділя

ayer
вчора

hoy
сьогодні

mañana
завтра

la mañana
ранок

el mediodía
опівдні

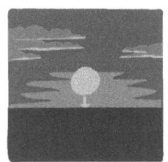

la tarde
вечір

los días laborables
робочі дні

el fin de semana
кінець робочого тижня

el año
рік

la lluvia
дощ
el arcoíris
веселка
la nieve
сніг
el viento
вітер
la primavera
весна
el otoño
осінь
el verano
літо
el invierno
зима

4.APRIL 11°
5.APRIL 4°
6.APRIL 13°
7.APRIL 8°
8.APRIL 10°

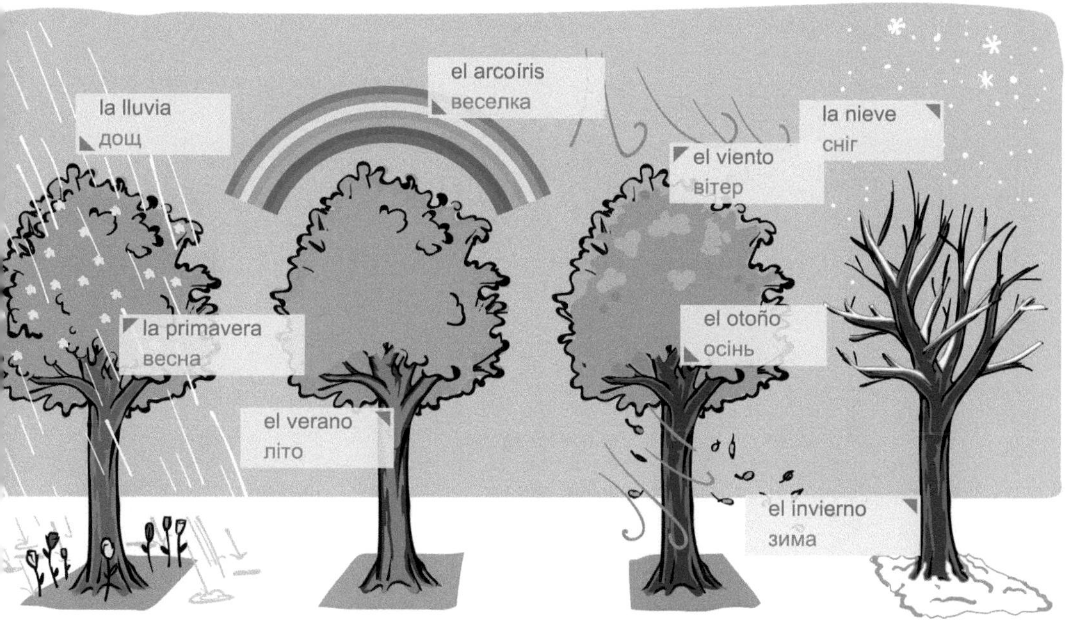

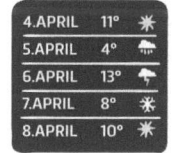

el pronóstico del tiempo

прогноз погоди

F
C
120
90
60
30
0
-30
40
30
20
10
0
-10
-20

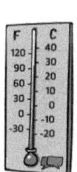

el termómetro

термометр

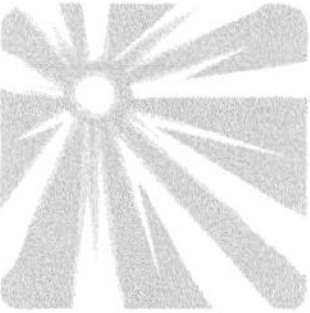

el sol

сонячне світло

la nube

хмара

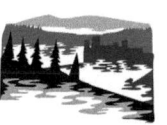

la niebla

туман

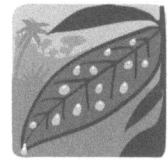

la humedad

вологість повітря

el rayo

блискавка

el trueno

грім

la tormenta

шторм

el granizo

град

el monzón

мусон

la inundación

повінь

el hielo

лід

enero

Січень

febrero

Лютий

marzo

Березень

abril

Квітень

mayo

Травень

junio

Червень

julio

Липень

agosto

Серпень

septiembre
....
Вересень

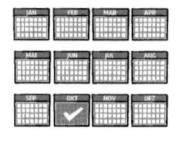

octubre
....
Жовтень

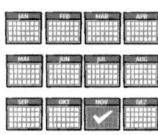

noviembre
....
Листопад

diciembre
....
Грудень

las formas
форми

el círculo
....
круг

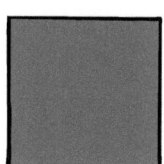

el cuadrado
....
квадрат

el rectángulo
....
прямокутник

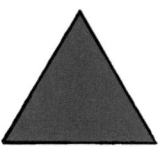

el triángulo
....
трикутник

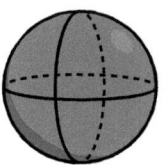

la esfera
....
куля

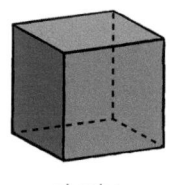

el cubo
....
куб

blanco

білий

amarillo

жовтий

anaranjado

помаранчевий

rosa

рожевий

rojo

червоний

morado

фіолетовий

azul

синій

verde

зелений

marrón

коричневий

gris

сірий

negro

чорний

mucho / poco

багато / мало

enojado / tranquilo

лютий / мирний

bonito / feo

гарний / бридкий

principio / fin

початок / кінець

grande / pequeño

великий / малий

claro / oscuro

світлий / темний

el hermano / la hermana

брат / сестра

limpio / sucio

чистий / брудний

completo / incompleto

завершений /
незавершений

el día / la noche

день / ніч

muerto / vivo

мертвий / живий

ancho / estrecho

широкий / вузький

comestible / no comestible

їстівний / неїстівний

malo / amable

злий / дружній

entusiasmado / aburrido

збуджений / нудьгуючий

gordo / delgado

товстий / тонкий

primero / último

спочатку / востаннє

el amigo / el enemigo

друг / ворог

lleno / vacío

повний / порожній

duro / blando

жорсткий / м'який

pesado / ligero

важкий / легкий

el hambre / la sed

голод / спрага

enfermo / sano

хворий / здоровий

ilegal / legal

незаконний / законний

inteligente / tonto

розумний / дурний

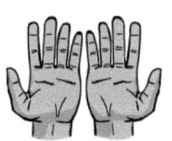

izquierda / derecha

вліво / вправо

cerca / lejos

поруч / далеко

los opuestos - протилежності

nuevo / usado

новий / використаний

nada / algo

нічого / щось

viejo / joven

старий / молодий

encendido / apagado

вкл / викл

abierto / cerrado

відкрито / закрито

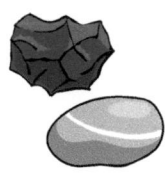

silencioso / ruidoso

тихо / гучно

rico / pobre

багатий / бідний

correcto / incorrecto

правильно / неправильно

áspero / suave

шорсткий / гладкий

triste / contento

сумний / щасливий

corto / largo

короткий / довгий

lento / rápido

повільно / швидко

húmedo / seco

вологий / сухий

cálido / frío

гарячий / холодний

guerra / paz

війна / мир

0

cero

нуль

1

uno

один

2

dos

два

3

tres

три

4

cuatro

чотири

5

cinco

п'ять

6

seis

шість

7

siete

сім

8

ocho

вісім

9

nueve

дев'ять

10

diez

десять

11

once

одинадцять

12

doce

дванадцять

13

trece

тринадцять

14

catorce

чотирнадцять

15

quince

п'ятнадцять

16

dieciséis

шістнадцять

17

diecisiete

сімнадцять

18

dieciocho

вісімнадцять

19

diecinueve

дев'ятнадцять

20

veinte

двадцять

100

cien

сто

1.000

mil

тисяча

1.000.000

el millón

мільйон

los idiomas

el inglés

англійська

el inglés americano

американська англійська

el chino madarín

китайська
високочиновницька

el hindi

хінді

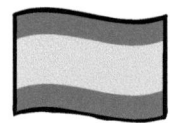

el español

іспанська

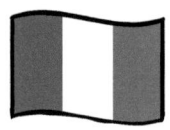

el francés

французька

el árabe

арабська

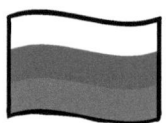

el ruso

російська

el portugués

португальська

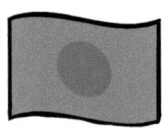

el bengalí

бенгальська

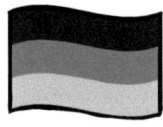

el alemán

німецька

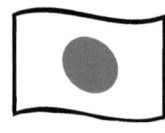

el japonés

японська

yo

я

tú

ти

él / ella / ello

він / вона / воно

nosotros/as

ми

vosotros/as

ви

ellos/as

вони

¿quién?

хто?

¿qué?

що?

¿cómo?

як?

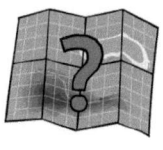

¿dónde?

де?

¿cuándo?

коли?

el nombre

ім'я

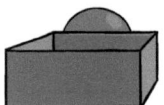

detrás

ззаду

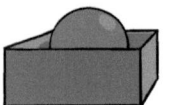

en

в

delante de

перед

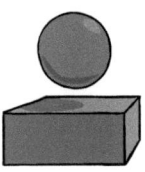

por encima de

над

sobre

на

debajo de

під

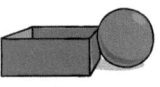

junto a

біля

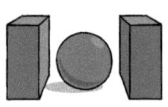

entre

між

el lugar

місце